SV

Band 1006 der Bibliothek Suhrkamp

Marguerite Duras
Aurelia Steiner

Aus dem Französischen
von Andrea Spingler

Suhrkamp Verlag

Originaltitel: *Aurélia Steiner. Aurélia Steiner. Aurélia Steiner*
Enthalten in: *Le Navire Night, suivi de Césarée, Les Mains négatives, Aurélia Steiner, Aurélia Steiner, Aurélia Steiner*

Foto: Hélène Bamberger

Erste Auflage 1989

Druck: Nomos Verlagsgesellschaft, Baden-Baden
Printed in Germany

Dem Text mit dem Titel *Aurelia Steiner* folgt ein anderer Text mit demselben Titel, *Aurelia Steiner*. Ein dritter Text folgt, der ebenfalls diesen Titel trägt. Nach den ersten beiden Texten wurden zwei Filme gedreht, auch sie tragen diesen Titel, *Aurelia Steiner*. Man kann sie der Einfachheit halber, in der Reihenfolge der Buchausgabe, betiteln: Aurelia Melbourne, Aurelia Vancouver, Aurelia Paris.

Aurelia Steiner

Ich schreibe Ihnen die ganze Zeit, immer das, sehen Sie.

Nichts anderes als das. Nichts.

Ich werde Ihnen vielleicht tausend Briefe schreiben, Ihnen Briefe geben über mein Leben jetzt.

Und Sie, Sie würden damit machen, was ich gerne möchte, daß Sie damit machen, das heißt, was Sie wollen.

Das wünsche ich. Daß Ihnen dies bestimmt sein möge.

Wo sind Sie?

Wie kann ich Sie erreichen?

Wie können wir uns zusammen dieser Liebe nähern, diese scheinbare Zersplitterung der Zeiten aufheben, die uns voneinander trennen?

Es ist drei Uhr nachmittags.

Hinter den Bäumen ist die Sonne, das Wetter ist kühl.

Ich bin in diesem großen Raum, wo ich mich im Sommer aufhalte, mit Blick auf den Garten. Auf der anderen Seite der Fenster ist dieser Wald von Rosen, und seit drei Tagen ist da diese magere, weiße Katze, die mich durch die Scheiben hindurch ansieht, Auge in Auge, sie macht mir angst, sie schreit, sie ist verloren, sie will zugehörig sein, und ich will nicht mehr.

Wo sind Sie?

Was machen Sie?

Wo sind Sie geblieben?

Wohin haben Sie sich verirrt, während ich schreie, daß ich Angst habe?

Man sagt, Sie leben auf einer dieser Inseln vor der Küste Frankreichs und noch anderswo.

Man sagt, Sie sind in einem äquatorialen Land, wo Sie vor langer Zeit gestorben sein sollen, in der Hitze, im Massengrab einer Pest begraben, in dem eines Krieges auch und auch in dem eines Lagers im deutschen Polen.

Mir ist das egal.

Ich sehe Ihre Augen.

Ich sehe, daß der Himmel über dem Fluß blau ist von der gleichen flüssigen, blauen Farbe wie Ihre Augen.

Ich sehe, das es nicht stimmt.
Daß, wenn ich Ihnen schreibe, niemand tot ist.
Und daß auch Sie da sind in diesem ausgestorbenen Kontinent.

Hier ist Sommer.

Liebten Sie den Sommer?
Ich weiß es nicht mehr.

Auch was mich betrifft, weiß ich es nicht mehr.

Ich weiß auch nicht mehr, ob ich ihn unabhängig von Ihnen liebte.

Erinnern Sie sich?

Dieses Wort. Diese Gegend. Dieses dunkle Land.

Sie sagten: Nichts ist davon übrig als dieser Weg.
Dieser Fluß.

Wie können wir unsere Liebe wiederfinden. Wie?

Das Licht neigt sich hinter den Bäumen, scheint mir.
Es gibt Wind. Es muß kühler sein.

Der Garten ist voller Vögel, und die Katze wird verrückt vor Hunger.

Die Rosen werden jetzt sehr schnell sterben. Es wird zu Ende gehen auf der anderen Seite der Fensterscheiben.

Der Himmel über dem Fluß wird schwarz werden.

Die Nacht kommt.

Auch über diese erschreckende Lepra- und Hungerkatze, über diesen reglosen Garten um sie her kommt die Nacht. Ich sehe sie.

Sie breitet sich aus über Sie, über mich, über den Fluß.

Sehen Sie noch?

Sie behaupten, daß alles schon aufgebaut war auf der Erde.

Daß alles schon bewohnt, besetzt war von Völkern, Regierungen.

Daß es Paläste an den Ufern der Flüsse gab und zwischen den Palästen Dickichte aus Brennesseln, Dornen und Schwärme rennender Kinder. Magere Frauen.

Daß es Inseln gab.

Tempel.

Daß es einen Wald gab.

Ich weiß nichts von den allgemeinen Ideen der Völker und der Welt.

Keine davon wird mir Sie ersetzen, diesen Vorrang, den ich Ihnen einräume. Keine.
Hören Sie,

unter den Gewölben des Flusses sind jetzt die Geräusche des Meeres.

Die der schwarzen Höhle.

Die der Schreie der leprakranken Katze, wissen Sie, die blind ist vor Hunger und die durch die Zeiten ruft.

Hören Sie sie?

Nein?

Sie hören vielleicht nichts mehr?

Nein?

Hören Sie nochmal. Versuchen Sie. Versuchen Sie nochmal.

Wie sollen wir mit unserer Liebe fertigwerden?

Hören Sie.

Unter den Gewölben des Flusses diese Brandung.

Hören Sie . . .

Diese scheinbare Zersplitterung, von der ich sprach, ist verschwunden.

Wir sollten uns zusammen dem Ende nähern.

Dem unserer Liebe.

Haben Sie keine Angst mehr.

Es ist merkwürdig, wie der Fluß in der

Beleuchtung der Nacht manchmal aussieht, als flösse er sehr schnell zum Meer, um ganz und gar in ihm aufzugehen ...

Aber wer sind Sie?

Wer?

Wie soll das gehen?

Wie soll das gegangen sein?

In London, während jener Pest? Glauben Sie?

Oder jenes Krieges?

In jenem Lager des deutschen Ostens?

In dem sibirischen? Oder auf diesen Inseln hier?

Hier, glauben Sie?

Nein?

Ich, ich weiß nicht mehr.

Ich weiß nur noch von dieser Liebe, die ich für Sie empfinde. Ganz. Schrecklich.

Und daß Sie nicht da sind, um mich davon zu erlösen.

Niemals. Niemals trenne ich Sie von unserer Liebe.
Von Ihrer Geschichte.

Es wurde getötet hier.

Wußten Sie es?

Getötet, ja.

Fast jeden Tag. Tausend Jahre lang. Tausend und abertausend Jahre.

Ja. Einmal. Tausendmal. Hunderttausend.

Der blutigrote Fluß.

Es wurde Blut vergossen, es wurde eingesperrt, es wurde verletzt.

Tausend Jahre.

Dann, ja, danach ist das geschehen.

Sehr, sehr lange Zeit nichts.

Und dann, einmal, Ihre Augen.

Ihre Augen auf mir.

Zuerst das flüssige und leere Blau Ihrer Augen.

Und dann haben Sie mich gesehen.

Um diese magere, verrückte Katze herum ist jetzt die Nacht gekommen.

Um mich Ihre Gestalt.

Man sagt, daß es in diesen Krematorien war, wissen Sie, bei Krakau, daß Ihr Körper von meinem getrennt worden sein soll . . . als wäre das möglich . . .

Man sagt irgendwas . . . man weiß nichts . . .

Hören Sie . . .

Die Katze. Sie schreit . . .

Der Hunger und der Wind, die sie verzehren im schwarzen Garten.

Hören Sie . . .

Durch die Tränen hindurch, die Katze . . .

In Wind und Hunger schreit sie. In der schwarzen Höhle . . .

Hören Sie . . .

Ihre Schreie . . . Man könnte meinen, Klagen . . . Als würde sie sagen . . .

Hören Sie . . .

Was? Was würde sie sagen? Welches Wort?

Welche unsinnige Bezeichnung?

Albern?

Sie hatten mir gesagt: diese versunkene Stadt, das ist unser dunkles Land.

Es ist nichts davon übrig geblieben als dieser Wasserweg, der es durchquerte.
Dieser Fluß.

Haben Sie vergessen?

Haben Sie alles vergessen?

So kühl, sagten Sie.

Sie sagten, diese zweite Stadt.

Sie sagten: Geschichten ziehen sich an diesem Fluß entlang, an diesem Flußlauf, der so sanft ist, daß er dazu auffordert, sich an ihn zu schmiegen und mit ihm davonzugleiten.

Ja. Sie haben alles vergessen.

Im Garten steigt ein Nebel auf.

Er breitet sich aus über den Fluß.

Ich sehe ihn.

Er breitet sich aus über Sie. Über mich.

Die Katze schreit nicht mehr
Sie ist tot.

Die Kälte und der Hunger.

Und mir, mir ist das egal.

Ich trenne Sie nicht von Ihrem Körper.

Ich trenne Sie nicht von mir.

Was tun, damit wir diese Liebe gelebt haben?

Was?

Was tun, damit diese Liebe gelebt worden ist?

Es ist merkwürdig ...

Durch diese magere und verrückte, jetzt tote Katze, durch diesen reglosen Garten um sie her erreiche ich Sie.

Durch dieses weiße Weiß, diesen unendlichen Nebel erreiche ich Ihren Körper.

Ich heiße Aurelia Steiner.

Ich lebe in Melbourne, wo meine Eltern Lehrer sind.

Ich bin achtzehn Jahre alt.

Ich schreibe.

Aurelia Steiner

Ich bin in diesem Zimmer, wo ich Ihnen täglich schreibe. Es ist die Mitte des Tages. Der Himmel ist düster. Vor mir liegt das Meer. Heute ist es glatt, schwer, von der Dichte des Eisens, könnte man meinen, und ohne Kraft, sich noch zu bewegen. Zwischen Himmel und Wasser ist ein breiter schwarzer Strich, dick, wie Kohle. Er bedeckt den gesamten Horizont, er ist von der Regelmäßigkeit einer riesigen und sicheren Streichung, von der Gewichtigkeit eines unüberwindbaren Unterschieds. Er könnte angst machen.

In dem geradestehenden, vom düsteren Licht verschleierten Spiegel meines Zimmers ist mein Bild. Ich schaue nach draußen. Die Segelboote sind reglos, ans eiserne Meer geschmiedet, sie verharren in der Fahrtbewe-

gung, in der sie das Abflauen des Windes heute morgen überrascht hat.

Ich betrachte mich, ich sehe mich schlecht im kalten Glas des Spiegels. Das Licht ist so düster, man könnte meinen, es sei Abend. Ich liebe Sie über meine Kräfte. Ich kenne Sie nicht.

Da beginnt zwischen Horizont und Strand sich eine Veränderung in der Tiefe des Meeres zu vollziehen. Sie geschieht langsam. Sie kommt mit Verspätung, man entdeckt sie, wenn sie bereits da war.

An meinem Körper diese Kälte des Glases, dieser tote Spiegel. Ich sehe nichts mehr von mir, ich sehe nichts mehr.

Da beginne ich wieder zu sehen.

Vor mir ist eine Farbe entstanden, sie ist sehr intensiv, grün, sie nimmt einen Teil des Meeres ein, es bindet viel von sich in dieser Farbe, ein Meer, aber kleiner, ein Meer in der Ganzheit des Meeres. Das Licht kam also vom Grund des Meeres, von einem Übermaß an Farbe in seiner Tiefe, und dieses schwarze Gegenlicht einen Augenblick zuvor kam daher, daß das Licht beim Austritt aus dem Wasser nach allen Seiten sprühte. Das Meer wird durchsichtig, von einem Schimmer, einem Glanz nächtlicher Organe, man möchte sagen, nicht aus Smaragd, sehen Sie, nicht aus Phosphor, sondern aus Fleisch.

Ich bin sehr schnell in mein Zimmer zurückgekehrt, um Ihnen zu schreiben. Ich habe die Türen und die Fenster zugemacht. Ich befinde mich dort mit Ihnen bei der Entdeckung des Strandes. Ich habe mich vom Spiegel entfernt. Ich betrachte mich. Die Au-

gen sind blau, sagt man, die Haare schwarz. Sehen Sie? blau, die Augen, unter dem schwarzen Haar. Wie ich Sie liebe, wenn ich mich sehe. Ich bin derart schön, daß ich mir fremd bin. Ich lächle Ihnen zu und sagte Ihnen meinen Namen.

Ich heiße Aurelia Steiner. Ich bin Ihr Kind.

Sie sind über meine Existenz nicht unterrichtet.

Sie können mir nicht zuwinken, der Tod hindert Sie, mich zu sehen, ich weiß. Und ich, ich sehe Ihren Tod als eine vorübergehende Täuschung Ihres Lebens, wie zum Beispiel diejenige einer anderen Liebe. Das ist mir egal. Ich bin durch mich über Sie unterrichtet. Heute morgen zum Beispiel wurde ich durch dieses zeitweise Verschwinden der Bewegung des Meeres, durch dieses plötzliche Entsetzen ohne sichtlichen Gegenstand über unsere tiefe Ähnlichkeit vor dem Zufall des Begehrens unterrichtet.

Bisweilen kommen andere. Sie haben manchmal das Alter, das Sie gehabt hätten.

In einer Welt, in der Sie nicht lebendig sind, können jene mir unsere Begegnung ersetzen. Die Größe und die jugendliche Anmut des Körpers, mit denen ich Sie sehe, die Unbeholfenheit Ihrer Annäherung, die schmerzliche Ungeduld und bisweilen die Tränen und bisweilen auch diese Hilferufe am Rand der Lust würden keinen so großen Unterschied zwischen jenen und Ihnen machen, wenn Sie, auch Sie, sich in den Straßen der Anlegehafen herumtrieben.

Ich gebe jenen meinen frischen Körper und sie nehmen ihn.

Sie sprechen zu ihm. Sie sagen, daß sie ihn

lieben. Sie schreien, sie weinen, sie versuchen ihn zu verletzen, ich lasse sie, ich lasse sie machen. Sollen sie's machen. Sollen sie eindringen, sollen sie schreien, sie liebten, sollen sie weinen. Sie hätten einer von ihnen sein können, nur hätten Sie mich gesehen. Sie hätten diesen aufgegebenen, ausgelieferten Körper bemerkt, diese weit von Ihnen fortgetragene Lust, von der diese hier nicht lassen will.

Das Meer, könnte man meinen. Sein Rauschen zu Füßen der Stadt.

Mit geschlossenen Augen hätte ich Sie gefragt: Wie sehen Sie aus? Blond? Ein Mensch des Nordens, mit blauen Augen? Sie hätten – kaum jedoch – gezögert, mir zu antworten: Mit blauen Augen, ja, doch mit schwarzem Haar. Schwarzem? Ja.

Ich hätte gefragt: Suchen Sie jemanden?

Jemanden, von dem man Ihnen erzählt hat? Sie sagen: So ist es. Sie hätten fortgefahren: So ist es, ja, jemanden, den wiederzuerkennen ich keinerlei Möglichkeit habe und den ich über alle meine Kraft liebe.

Ich frage: Aurelia Steiner?

Er antwortet nicht. Er entfernt sich von mir.

Er schreit: Woher wissen Sie es?

Ich sage, daß ich Reisende im Hafen von ihr habe sprechen hören. Er fragt. Er weint.

Ich sage: Ja, alle waren Männer mit schwarzem Haar.

In dem verschlossenen Zimmer am Strand, allein, rekonstruiere ich Ihre Stimme. Sie erzählen, und ich höre nicht die Geschichte, nur

Ihre Stimme. Die des tausendjährigen Schläfers, Ihre nunmehr geschriebene, von der Zeit verdünnte, aus der Geschichte befreite Stimme. Sie wären davongerannt, und ich hätte in der Stadt diesen Namen ohne Subjekt rufen hören: Aurelia Steiner. Ich wäre dem Widerhall der beiden Worte gefolgt bis zu ihrem Verschwinden. Und nach und nach hätte ich das zunehmende Brausen des Meeres gehört. Es wäre kein Wind gegangen.

Ich befinde mich immer noch in diesem düsteren Zimmer mit Blick auf das Meer. Ich bin seit Jahren allein in diesem Haus. Alle sind fortgegangen, um ruhigere Zonen der Erde aufzusuchen. Wegen der hier schrecklichen Stürme.

Am Nachmittag vollzog sich eine langsame Verschiebung zwischen den grünen und den schwarzen Wassern des Meeres. Die riesige

Pfütze wurde blau. Die Bewegung kehrte an die Oberfläche zurück. Das Meer erbebte wie unter einem plötzlichen Windstoß. Es ging kein Wind. Der Abend, der kam.

Ich öffnete die Türen und die Fenster meines Zimmers, und ein sanftes Licht kam herein.

Der Horizont war wieder gewöhnlich, glatt und frei geworden.

Meine Mutter, gestorben bei der Niederkunft hinter der Trennwand des Lagers. Als Tote verbrannt mit den Kontingenten der Gaskammern. Aurelia Steiner, meine Mutter, sieht vor sich auf das große, weiße Rechteck, den Sammelplatz des Lagers. Ihr Todeskampf dauert lange. Das Kind an ihrer Seite lebt.

Das ganze Meer ist wieder blau. Wie immer zu dieser Stunde bricht unmittelbar vor der allgemeinen Dunkelheit, welche vom Aufglühen der Nacht verbreitet wird, eine starke Helligkeit hervor.

Ich weine ohne Traurigkeit. Der Abend, der sich auf die Abwesenheit senkt, sehen Sie, immer wieder.

Da sind die großen, orangeroten und goldenen Gestade des Himmels über dem Meer.

Unter der Farbe glänzt es bereits farblos.

Manchmal glaubt man, endlich sei die letzte Grenze des Tages erreicht, doch nein.

Da wird das Gold des Himmels milchig. Und dann grau.

Ich vermag nichts gegen die Ewigkeit, die ich dem Ort Ihres letzten Blicks verleihe, des

Blicks auf das weiße Rechteck des Sammelplatzes.

Es waren Sommertage. Der Tod bemächtigte sich Ihrer.

Sie sahen noch, glaube ich, doch Sie litten schon nicht mehr, Gefühllosigkeit hatte sie schon befallen.

Sie badeten im Blut meiner Geburt. Ich ruhte an ihrer Seite im Staub des Erdbodens.

Um Sie, hart und vor Sonne gerissen, diese fremde Erde, dieses Licht, dieser vollkommene Sommer, dieser Hitzehimmel.

Vor Ihnen das weiße R[illegible]ck, in dem er stirbt.

D[illegible] wenig nach

Mitternacht, mit Beginn des zweiten Tags, der Wind.

Da ist er.

Und danach dann das Meer. Es beugte sich diesem Wind, es folgte ihm.

Es fing an mit einem bestialischen Heulen. Die Gewalt des Meeres war so schrecklich, wie sie seit Menschengedenken niemals gewesen war.

Das Meer erstürmte die Stadt, stieg hoch zu ihr, überschwemmte sie.

Es zerbrach die Scheiben, es zertrümmerte die Türen und Fenster, es riß die Mauern ein, es trug die Dächer davon, und so blieb die Stadt, offen, klaffend im Wind. In den plötzlichen Windstillen, wenn wieder Kraft und Atem geholt wurde, hörte man die Leute aus voller Kehle ihre Totengebete singen.

Im Blitzschein sah man sie in ihren aufgerissenen Wohnungen stehen.
Ich lauschte den Schreien des Meeres.

Als man den Höhepunkt des Sturms überschritten glaubte, kurz vor der Morgenröte, barsten im fahlen Weiß des beginnenden Tags die großen Salzspeicher unter den Schlägen der langen, weißen Wellen des nördlichen Pazifik. Das Salz verteilte sich im Meer. Sein Salzgehalt wurde tödlich. In wenigen Sekunden ging es vom Leben zum Tod über.

Der Tag brach an.
Da beruhigte sich das schwer gewordene, vergiftete Meer.

In dem weißen Rechteck des Sammelplatzes unterscheidet meine Mutter Aurelia Steiner noch den gehenkten Suppendieb, der an seinem Strick zappelt, zu mager, zu leicht, es gelingt ihm nicht, sich durch sein eigenes Ge-

wicht zu erhängen. Es ist der Morgen des zweiten Tages.

Meine Mutter, achtzehn Jahre, stirbt. Vor ihr, am Ende seines Stricks, ruft er sie, schreit er vor wahnsinniger Liebe. Sie hört schon nicht mehr.

Hier, das ist der Ort der Welt, an dem Aurelia Steiner sich befindet. Sie befindet sich hier und nirgendwo sonst in dem Land der vor ihm, dem Meer, geschützten Gesellschaften.

Sie hört, daß die ganze Welt mit der gleichen Angst kämpft, sie sieht, daß das, was hier geschieht, sich über die Welt verbreitet.

Sie sieht, daß der Mittelpunkt der Angst sich fortbewegt. Daß er um sie kreist.

Sie sieht, daß die ganze Welt sie fürchtet, sie, Aurelia Steiner.

Am nächsten Morgen, noch trieft die Stadt, sie zieht sich zurück von dem überschwemmten Land, den Straßen, den Parks, den Kathedralen. Die Boote des Hafens liegen auf der Seite, ohne Masten. Die Strände sind bedeckt von toten Fischen, die das Salz der Speicher erstickt hat. Mönche sind aus der Stadt gekommen, sie sammeln die toten Fische auf, um sie den Waisenkindern der Welt zu essen zu geben, sie singen Dankeshymnen.

Im eisigen Himmel ist die Sonne grell und prall. Die ganze Stadt schläft in diesem schneidenden und reinen Licht des Gewitterhimmels. Ich gehe hinaus in die unter der schrecklichen Sonne schlafende Stadt. Das Meer ist da, an seinem Platz, es liegt in seiner Kuhle. Auffahrend schreit es noch, dann schläft es wieder ein, der von Alpträumen durchdrungene Schlaf eines Kindes. Die Stadt ist vom Salz gebleicht, sie ist erstarrt in dem

Chaos, in dem das Meer sie zurückgelassen hat.

Ich gehe.

Allmählich, ohne daß ich etwas kommen fühlte, kehren Sie aus dem Exil der Nacht zurück, von der anderen Seite der Welt, dieser schwarze Schatten, in dem Sie stehen. Sie durchqueren die Stadt. Ich sehe Sie ein Hotel im Hafen betreten. Heute sind Sie ein Matrose mit schwarzem Haar. Groß. Immer noch diese Magerkeit der Jugend oder des Hungers. Sie haben sich umgedreht, Sie haben gezögert, und dann haben Sie sich entfernt. Ich weiß, daß Sie, wenn die Nacht kommt, zu dieser Straße gehen und sie suchen werden, sie, diejenige, der Sie heute morgen in der Stadt begegnet sind und die Sie angeschaut haben. Wegen jenes leichten Kleides vielleicht und jenes blauen Blickes unter dem schwarzen Haar.

Ich habe mich schlafengelegt über der Tiefe des Meeres, im Angesicht des eisigen Himmels. Es war noch fiebrig, heiß.

Kleines Mädchen. Liebe. Kleines Kind.

Ich habe es mit verschiedenen Namen gerufen, mit dem Namen Aurelia, Aurelia Steiner.

Noch in der Tiefe ist es hin und her gerissen zwischen der Erschöpfung und der Lust zu töten.

Manchmal wurde es von großen Bewegungen emporgehoben, Flanken eines Tiers, die sich drehen, rund, und wieder ihren Platz im Stroh einnehmen.

Liebe, Liebe, all diese Dinge, die für uns sprechen. Du, Kind, das Meer.

Ich habe ihm vom Zustand der Stadt erzählt.

Und dann habe ich mit ihm über die Geschichte gesprochen.

Es war unter meinem Rücken, zehn Meter tief? achthundert Meter?

Der Unterschied existierte nicht.

Seine Oberfläche war rein trügerisch, Fleisch ohne Haut, ein offener Riß, Seide aus eisiger Luft.

Ich habe lange mit ihm gesprochen. Ich habe ihm die Geschichte erzählt. Ich habe mit ihm über diese Liebenden im weißen Rechteck des Todes gesprochen. Ich habe gesungen. Ich sprach zu ihm, ich sang, und ich hörte die Geschichte. Ich spürte es unter mir, mineralisch, von der unabweislichen Kraft Gottes.

Als ich zurückkehrte, schrie ein Zeitungsverkäufer die Schlagzeile vom Wüten des Meeres. Er kannte die Höhe des Schadens und sagte, daß es kein Menschenleben gefordert habe.

Leute sind hinausgegangen, um die Zeitung zu kaufen.

Ich bin in mein Zimmer zurückgekehrt, ich habe meinen Körper und mein Haar mit Süßwasser abgeduscht, und dann habe ich auf den jungen Matrosen mit dem schwarzen Haar gewartet. Während ich auf ihn warte, schreibe ich Ihnen.

Während ich vor Begehren nach ihm zittere, liebe ich Sie.

Ich versammle sie in Ihnen, und aus ihrer Zahl lasse ich Sie werden. Sie sind, was nicht stattfinden wird und was als solches gelebt wird. Von allen heben Sie sich immer als Einziger ab, unerschöpflicher Ort der Welt, unwandelbare Liebe.

Sie sind endlich tot, man hat Sie abgenommen, Sie liegen da, zusammengekrümmt in einer nachlässigen, schläfrigen Kinderpose.

Das weiße Rechteck des Hofs ist leer bis auf Ihren Leichnam.

Die Liebenden sind tot.

Sie hatten Suppe gestohlen für das kleine Mädchen, Aurelia. Man hatte Sie erwischt. Man hat sie gehängt.

Über Ihnen drei Tage lang der deutsche Himmel, vor Ihren Augen dieser Himmel voller Wasser und fruchtbarem Regen.

Sie haben drei Tage lang am Ende Ihres Stricks gerufen, Sie haben geschrien, endlos wiederholt, daß ein Kind namens Aurelia Steiner im Lager geboren worden sei, Sie haben gebeten, daß man es ernähre, daß es nicht den Hunden gegeben werde. Sie haben gebrüllt, die Welt angefleht, daß man die kleine Aurelia Steiner nicht vergessen möge.

Gegen Abend des dritten Tages hat man Ihnen eine Kugel in den Kopf geschossen, um diesem Skandal ein Ende zu machen.

Sie, sie war am Morgen tot. Neben ihr das lebende Kind.

Die Worte Aurelia Steiner sind im Lager nicht mehr zu hören gewesen. Sie wurden anderswo wiederaufgenommen, in anderen Schichten, in anderen Zonen der Welt.

Gegen Abend gibt es hier immer Lichteinfälle am Horizont, selbst wenn es den ganzen Tag lang bedeckt war, ebenso wenn es geregnet hat, reißen die Wolken einen Augenblick auf und lassen das Sonnenlicht durch.

Abend, wieder.

Ich habe es an diesem Lichteinfall über dem schlafenden Meer gesehen.

Ich habe die Augen zugemacht.

Ich habe es gerade getan. Ich habe offenbar aufgehört, Ihnen zu schreiben.

So sehe ich bisweilen die flüssige blaue Farbe der leeren, schon vom Tod erfaßten Augen des jungen Gehenkten vom Sammelplatz. Ich sehe auch die Jugend.

Achtzehn Jahre, auch er. Und daß er dennoch seine endgültige Größe erreicht hatte.

Ich weiß seinen Namen nicht.

Die Mutter hinter der Trennwand sehe ich nicht. Nichts von ihr, außer der Gebärde, um das Kind zu verstecken.

Der Matrose mit schwarzem Haar ist vor dem offenen Fenster. Er schaut mich an.

Er fragt mich, woher ich sei. Ich sage, ich wisse es nicht.

Er sagt, daß er am Strand war, als ich im Meer badete.

Er erinnert sich nicht gut an die, der er heute morgen in der Stadt begegnet ist, er sagt, er sei einer anderen Person begegnet. Ich frage ihn, welche er begehrt. Er sagt, die vom Morgen.

Ich sage ihm, daß ich es sei.

Ich sage ihm: Ich werde Ihnen einen Namen geben.

Sie werden ihn aussprechen, Sie werden nicht verstehen warum, und dennoch bitte ich Sie, es zu tun, ihn zu wiederholen, ohne zu verstehen warum, als gäbe es etwas zu verstehen.

Ich sage ihm den Namen: Aurelia Steiner.

Ich schreibe ihn auf ein weißes Blatt und gebe es ihm.

Er entziffert langsam, dann sieht er mich an, um zu erfahren, ob er richtig gelesen hat.

Ich sage nichts. Ich lege mich zu ihm.

Er wiederholt den Namen, er sieht, daß ich ihm zuhöre.

Zuerst ist er ungeschickt und weiß nicht, in welcher Sprache er ihn sagen soll, dann wirft er das Papier weg, er kommt zu mir und betrachtet mich und spricht mich mit dem Namen an.

Er zieht mir sorgfältig das Kleid aus. Er hat, so könnte man meinen, sehr viel Zeit vor sich.

Er beginnt, den Körper von Aurelia Steiner zu entdecken.

Sie schaut immer noch nicht, die geschlossenen Augen auf dem weißen Rechteck des Todes.

Manchmal sagt er den ganzen Namen.

Manchmal sagt er nur den Vornamen.

Manchmal den Namen allein.

Er weiß kein anderes Wort mehr zu sagen.

Er sagt die Namen unter Küssen, die Lippen auf der Haut, er sagt sie leise, er schreit sie, er ruft sie in den Körper hinein, gegen den Mund, gegen die Wand. Er hält ihnen stand. Manchmal verharrt er in einer Anspannung, die ihn seufzen läßt, da verliert er das Gedächtnis der Namen, könnte man meinen, und dann sagt er sie erneut, ganz leise, in einer schmerzlichen Anstrengung, als würde das Aussprechen selbst sie verursachen.

Er sagt: Juden, Juden Aurelia, Juden Aurelia Steiner.

Er befindet sich am Eingang zu Aurelia Steiners Körper, bleibt dort, immer im größten Bemühen, die Qual auf die Spitze zu treiben. Dann dringt er in den Körper Aurelia Steiners ein.

In einer sehr langsamen Bewegung, die der

seiner Erregung entgegengesetzt ist, dringt er in den Körper Aurelia Steiners ein.

Die Langsamkeit läßt die Liebenden schreien.

Von neuem sagt er die Namen, er wiederholt sie ganz leise, noch einmal.

Er hat die Namen wieder gesagt, er hat sie noch einmal wiederholt, aber ohne Stimme, in einer Brutalität, die nichts von sich wußte, mit einem unbekannten Akzent.

Ich bin im Morgengrauen aufgewacht.

Der Matrose mit schwarzem Haar lag auf dem Boden meines Zimmers. Er sah mich an.

Ich bin wieder eingeschlafen. Ich habe gehört, daß er sagte, daß ihm die Augen bren-

nen, weil er die Schönheit Aurelia Steiners geschaut habe. Daß sein Schiff mittags ablege, aber daß er nicht an Bord sein würde, daß das Schiff ohne ihn führe, daß er wünsche, bei ihr, Aurelia Steiner, zu bleiben, was auch immer aus ihm werde.

Ich habe gesagt, daß ich niemandem Bestimmten angehöre. Daß ich nicht frei über mich verfüge.

Ich heiße Aurelia Steiner.

Ich wohne in Vancouver, wo meine Eltern Lehrer sind.

Ich bin achtzehn Jahre alt.

Ich schreibe.

Aurelia Steiner

Heute ist vor den Fensterscheiben der Wald, und der Wind ist gekommen. Die Rosen waren dort in diesem anderen Land des Nordens. Das kleine Mädchen kennt sie nicht. Es hat niemals die Rosen gesehen, die jetzt verdorrt sind, noch die Felder, noch das Meer.

Das kleine Mädchen steht am Fenster des Turms und betrachtet den Wald, es hat die schwarzen Vorhänge leicht beiseite geschoben und betrachtet den Ozean des Waldes. Der Regen hat aufgehört. Es ist fast dunkel, vor dem Fenster aber ist der Himmel über den Bäumen noch blau. Der Turm ist viereckig, sehr hoch, aus schwarzem Beton. Das kleine Mädchen ist im obersten Stockwerk, es sieht hier und da andere Türme, die ebenfalls schwarz sind. Es ist nie in den Wald hinuntergegangen.

Das kleine Mädchen verläßt das Fenster und fängt an, ein fremdartiges Lied zu singen, in einer Sprache, die es nicht versteht. Es hat den Vorhang am Fenster noch nicht ganz zugezogen, und im Zimmer kann man noch deutlich sehen. Sie betrachtet sich im Spiegel. Sie sieht schwarzes Haar und die Klarheit der Augen. Die Augen sind von einem sehr dunklen Blau, mit dem Abend verlieren sie ihre Farbe, und dann sind sie nur noch durchsichtige Dunkelheit ohne Grund. Das kleine Mädchen weiß es nicht. Es sagt, es habe das Lied schon immer gekannt. Es erinnere sich nicht, es gelernt zu haben.

Jemand weint. Das ist die Dame, die auf das kleine Mädchen aufpaßt, die es wäscht und es füttert. Die Wohnung ist groß, fast leer, fast alles ist verkauft worden. Die Dame sitzt am Eingang auf einem Stuhl, neben ihr liegt ein Revolver. Das kleine Mädchen hat sie immer nur so gekannt: wartend auf die deut-

sche Polizei, um zu töten. Tag und Nacht, das kleine Mädchen weiß nicht, seit wie vielen Jahren die Dame wartet. Was das kleine Mädchen weiß, ist, daß die Dame, sobald sie vor der Tür das Wort Polizei hören wird, öffnen und alles töten wird, zuerst die anderen und danach dann sie beide.

Das kleine Mädchen geht und zieht die doppelten schwarzen Vorhänge zu, dann geht es zu seinem Bett und macht die kleine eiserne Lampe an. Unter der Lampe die Katze. Sie richtet sich auf unter dem Licht. Um sie her liegen durcheinander die Zeitungen über die letzten Operationen der Armee des Reichs, mit denen die Dame das kleine Mädchen schreiben gelehrt hat. Neben der Katze liegt ausgebreitet und erstarrt ein staubfarbener Schmetterling, er hat einen dicken behaarten Hundekopf, seine Augen sind aus den Höhlen getreten, noch weit geöffnet auf den Tod. Die Angst muß schrecklich gewesen sein vor dem Töten.

Das kleine Mädchen setzt sich auf das Bett vor die Katze. Die Katze gähnt, streckt sich und setzt sich ihrerseits vor das Mädchen. Sie haben die Augen auf derselben Höhe. Schauen sich an. Das Schnurren der Katze steigert sich plötzlich, als sie das Kind anschaut, es steigert sich noch mehr, es füllt das Universum. Ein Orkan ist in der Katze eingeschlossen, sehr gedämpft, sehr weit weg in der Katze, manchmal aber entringt sich ihr fast, heiser, ein Klagelaut wahnsinnigen Glücks. Und da ist das jüdische Lied, das kleine Mädchen singt es für die Katze. Die Katze legt sich auf den Tisch, und das kleine Mädchen streichelt sie, seine Hand gleitet über den Leib der Katze, und plötzlich drückt sie fest auf die flach hingestreckte Gestalt der lebenden Katze – daß es ihr den Atem nimmt, daß es ihr angst macht – die Katze wehrt sich, will fliehen – da drückt das kleine Mädchen weniger fest mit seiner Hand und ruft die Katze mit Liebesworten. Das Schnurren der Katze setzt wieder ein, das kleine Mädchen legt sein Ohr auf den warmen Bauch und läßt es in sich einströmen. Dann nimmt es den toten Schmetterling und zeigt ihn der Katze, betrachtet ihn mit einer Grimasse des Lachens, und dann wirft es ihn weg und singt wieder das jüdische Lied. Dann betrachten einander die Augen der Katze und des kleinen Mädchens, bis sie nicht mehr sehen.

Da ist er plötzlich, aus der Tiefe des Himmels. Der Krieg. Der Lärm. Die Dame ruft aus dem Flur, die Vorhänge zuzuziehen, es nicht zu vergessen. Die Stahlungetüme beginnen, über den Wald hinwegzufliegen.

– Sprich mit mir, schreit die Dame.

– Noch sechs Minuten, sagt das kleine Mädchen. Mach die Augen zu.

Das Dach des Lärms, der näherkommt, die Todeslast, die Bäuche voller Bomben, glatt, bereit, sich zu öffnen. Das kleine Mädchen sagt:

– Sie sind da. Mach die Augen zu.

Das kleine Mädchen betrachtet seine kleinen mageren Hände auf der Katze. Sie zittern wie die Wände, die Scheiben, die Luft, die ganzen Türme, die Masse des Waldes.

– Komm, schreit die Dame.

Sie fliegen immer noch. Sie sind ein bißchen später da, als das kleine Mädchen gesagt hat. Die vollen Bäuche mit der so dünnen Haut aus blauem Stahl, voller Kinder. Und dann, mitten im Fluglärm brutal das andere Geräusch. Das der gestählten Spitzen der Flugabwehrkanonen. Das kleine Mädchen lauscht, wartet, lauscht wieder dem Wind, der durch den Stahl pfeift, und dann spricht es mit der Katze:

– Das ist am Rhein. Köln.

Nichts ist vom Himmel gefallen, kein Absturz, kein Getöse. Das kleine Mädchen hat gut hingehört, nichts.

– Wohin fliegen sie? schreit die Dame.

– Berlin, sagt das Kind.

Die Dame schreit.

– Komm.

Das kleine Mädchen verläßt die Katze und geht zu der Dame, durchquert das schwarze Zimmer. Da ist sie. Es ist hell dort. Kein Fenster, keine Öffnung nach draußen, es ist das Ende des Flurs nahe der Eingangstür, da, wo sie ankommen müssen. Eine an der Wand befestigte Glühbirne erhellt den Krieg. Die Dame ist da und bewacht das Leben eines Kindes. Sie hat ihr Strickzeug in den Schoß gelegt. Man hört nichts mehr, außer weit weg die Flugabwehrkanonen. Das kleine Mädchen setzt sich der Dame zu Füßen und sagt zu ihr:

– Die Katze hat einen Schmetterling getötet.

Die Dame und das kleine Mädchen bleiben lange umschlungen und weinen und schweigen fröhlich wie jeden Abend.

– Ich habe wieder geweint, sagt die Dame, jeden Tag weine ich über den wunderbaren Irrtum des Lebens.

Sie lachen. Die Dame streichelt das Haar, die seidigen Strähnen, die glänzenden schwarzen Locken. Der Lärm entfernt sich vom Wald. Die Dame bückt sich und riecht am Haar des Kindes, kaut daran, sie sagt, daß dieses Haar im Mund nach Meer schmeckt.

– Hör, sie überfliegen den Rhein, sagt das Kind.

Ja.

Es ist kein Geräusch mehr zu hören außer dem der Windböen, die blind daherfegen und die Reglosigkeit des Waldes stören und zermalmen.

– Wohin fliegen sie? fragt die Dame.

– Berlin, sagt das Kind.

– Das stimmt, sagt die Dame, das stimmt . . .

Sie lachen. Die Dame fragt:

– Was soll aus uns werden?

– Wir werden sterben, sagt das Kind, du wirst uns töten.

– Ja, sagt die Dame, sie hört auf zu lachen, du frierst, sie berührt den Arm.

Das kleine Mädchen gibt der Dame keine Antwort.

– Die Katze nenne ich Aranahancha – das Kind lacht.

– Aranahancha, wiederholt die Dame.

Das kleine Mädchen lacht sehr. Die Dame lacht mit ihm, und dann macht sie die Augen zu und berührt den Körper des kleinen Mädchens und klagt.

– Du bist mager, sagt die Dame, deine kleinen Knochen unter der Haut.

Das kleine Mädchen lacht zu allem, was die Dame sagt.

Und da beginnen sie, das jüdische Lied zu singen. Dann läßt die Dame das Kind allein singen und erzählt ihm zum hundertstenmal.

– Abgesehen von diesem kleinen, in dein Kleid genähtes Rechteck aus weißer Baumwolle, sagt die Dame, wissen wir nichts an jenem ersten Tag, weder du noch ich. Auf dem weißen Rechteck standen die Buchstaben A. S. und ein Geburtsdatum. Du bist sieben Jahre alt.

Das kleine Mädchen lauscht der Stille. Es sagt:

– Ja, es muß Berlin sein.

Es steht wieder auf und schiebt die Dame grob weg, stößt sie fast, dann schreit es wortlos, dann steht es auf und kehrt in sein Zimmer zurück. Geht durch die schwarzen Flure. Mager, so dünn, streift nirgendwo, eckt nir-

gendwo an. Es muß sein Zimmer erreicht haben. Die Dame hört es singen.

Im dunklen Zimmer die Katze, immer noch aufgerichtet. Im Lampenschirm ein Knistern. Da ist eine Fliege. Die Katze lauscht. Sie schnurrt nicht mehr. Das Knistern hat aufgehört. Die Katze vergißt die Fliege. Sie schaut erneut das Kind an. Das Kind lauscht der porösen Unendlichkeit der Nacht. Es sagt:

– Ja, es ist Berlin.

Das Knistern fängt wieder an. Die Katze richtet sich auf, dreht sich dem Lampenschirm zu und streichelt ihn mit der Pfote mit beherrschter, nervöser Geste. Sie hat begriffen, daß von daher das Geräusch kam. Sie lauscht wie das Kind lauscht durch die Masse der Nacht.

Unter der Lampe leuchten die Augen der Katze mit mineralischer Vollkommenheit, das Kind sieht sie schräg von der Seite, während es lauscht, ihre Farbe ist zunächst eine farblose Durchsichtigkeit, dann gibt es einen grünen Ring, durchzogen von winzigen Kanälen, in denen Gold fließt, dieser Ring funkelt, er umschließt ein schwarzes Loch, durch das die Katze sieht.

Da kommen sie wieder. Die Flugabwehrgeschosse erneut gegen die glatten Bäuche aus blauem Stahl. Sie schlagen auf, versuchen aufzureißen, zu durchlöchern.

– Horch, sagt das Kind.

Das Geräusch nimmt zu, geordnet, lang, ein Strom, eine anhaltende Flut, das ganze Geräusch. Weniger schwer als beim Hinflug.

– Nicht eines, das getroffen worden ist, sagt das Kind. Sie sind alle zurückgekommen.

Eine alte Fliege vom Sommer kommt aus

dem Lampenschirm, taumelnd. Immer wieder die Sirenen, das Aufprallen der Geschütze auf den blauen entleerten Bäuchen. Sie entfernen sich. Die Fliege hat nicht mehr die Kraft zu fliegen. Dennoch gelingt es ihr, den Tisch zu verlassen; sie dringt weiter ins Zimmer vor. Die Katze verliert sie aus dem Blick. Die Flugzeuge entfernen sich, und ihre Entfernung macht den Todeskampf der Fliege vernehmbarer.

– Fünfzigtausend Tote, sagt das Kind.

Die Katze schnurrt nicht mehr. Das Kind läßt sie vollkommen gleichgültig. Eine ziemlich lange Zeit vergeht. Das Geräusch nimmt ab. Die Augen der Katze sind starr, sie schauen in den Hintergrund des Zimmers. Sie weiß, daß dorthin die Fliege verschwunden ist, das Geräusch. Die Flugzeuge, immer weiter entfernt zum Meer hin. Das Kind beginnt wieder zu singen. Die Fliege versucht noch einmal, ihren Flug aufzunehmen. Erschöpftes

Summen. Sie versucht. Sie setzt sich überall hin, jedesmal am Ende ihrer Kraft, in immer kürzeren Abständen. Die Katze, des Ausgangs sicher, wartet. Ihre Nervosität nimmt zu, sie zügelt sie.

– Sie überfliegen das Meer, sagt das Kind, horch.

Vereinzelt, nutzlos, noch einige Schüsse der Flugabwehrkanonen. Die Fliege fliegt eine Sekunde lang und klatscht gegen eine Wand. Das macht ein Geräusch, das von dem Kind und der Katze wiedererkannt wird, das Geräusch eines Massakers. Ein paar Sekunden lang hört man nichts mehr. Nur hin und wieder Überlegungen der Dame vom Eingang zur Zukunft des Kindes. Die Katze lauscht – zur Fliege hin – noch einen kleinen Augenblick. Dann, da die Fliege nicht wiederkommt, vergißt sie. Sie schaut erneut das Kind an. Dann hört man das Schnurren der Katze in der so ruhig gewordenen Nacht. Die Dame sagt, daß die Kinder alle getötet werden. Das Kind lacht. Es deutet vor der Katze in die Richtung der Dame. Es sagt:

– Sie weint wieder.

Die Katze streckt sich und gähnt ausgiebig. Ihr graues Fell klafft auseinander, und das Innere ihrer Schnauze erscheint, weiß von Zähnen, dazwischen rosa.

– Hör, jetzt hat sie Angst.

Die Katze gräbt ihre Krallen in die Schreibunterlage auf dem Schreibtisch und zieht sie mit einer verhaltenen Geste zurück. Sie bleibt bei ihrem Hunger auf die Fliege.

– Ich bin jüdisch, sagt das Kind.

Die Fliege kehrt ein letztes Mal aus dem Koma zurück. Ihr Summen setzt wieder ein, hohler, lautstark, trunken. Das ist das Ende.

Die Flügel schlagen leer, sie finden nicht mehr genug Widerstand in der Luft, um den Körper zu halten. Die Fliege lebt nur noch eine wirre, gebrochene Existenz.

– Jude, sagt das Kind.

Die Fliege fällt wie ein Meteor auf die Schreibunterlage zwischem dem Kind und der Katze. Die Katze richtet sich auf. Die Fliege windet sich in einem schwierigen Todeskampf. Sie kann nicht mehr fliegen. Die Katze hebt die Pfote. Und legt sie auf die Fliege. Das Kind schaut, ohne zu sehen. Die Fliege macht unter der Pfote der Katze ein knisterndes Geräusch. Die Pfote bleibt einen Augenblick weich, sanft, spielerisch, die Katze drückt nicht zu.

Ich erinnere mich an meine Mutter, sagt das Kind.

Die Katze zieht ihre Pfote von der Fliege

zurück. Ein ausgerissener Flügel der Fliege liegt auf dem Schreibtisch. Der andere Flügel ist noch an der Fliege, er schlägt noch und zieht den Körper endlos im Kreis herum. Die Fliege versucht noch zu fliegen. Es gelingt ihr nicht mehr.

– Meine Mutter war die Königin der Juden, sagt das Kind. Königin von Jerusalem und von Samaria. Dann sind Weiße gekommen, sie haben sie mitgenommen.

Sie zeigt auf die Dame am Eingang.

– Sie weiß es nicht.

Die Katze betrachtet den höllischen Reigen des verstümmelten Körpers der Fliege. Das Kind lauscht erneut der Luftmasse über dem Wald. Die Katze entschließt sich, sie beugt den Kopf vor, und behutsam, ohne Gier, nimmt sie die Fliege in den Mund, sie macht breite, maßlose, lächerliche Kaubewegungen

– die Fliege ist so klein, daß sie sie zwischen den Zähnen nicht spüren kann –, und mit einem Schnappen schluckt sie sie herunter.

Die Katze leckt sich die Pfote und setzt sich wieder vor das Kind. Dieses streckt die Hand zur Katze aus, die Katze belädt diese Hand, reibt sich mit ihrem ganzen Körper daran in einer Bewegung unbezähmbarer Liebe. Das Kind läßt seine offene Hand am Körper der Katze.

– Manchmal will ich sterben, sagt das Kind – es fügt hinzu – Mein Vater, ich weiß nicht, wer das war, wahrscheinlich ein Reisender, er kam aus Syrien.

Die Raserei der Katze kennt keine Grenzen mehr. Sie stürzt sich mit gesenktem Kopf und in einer fast brutalen Bewegung auf das Kind, unter dem Eindruck der sanften Stimme des Kindes, das sagt, daß es sterben will, streichelt sie sich auf seiner Brust die Flanke. Das

Kind lauscht nach draußen, dem Krieg, dem Wald. Es sagt:

– Das sind sie wieder.

Aus der Tiefe des Raums der Beginn eines Rumorens, leicht, aber ununterbrochen. Das Kind nimmt die Katze und setzt sie auf den Boden. Es sagt:

– Laß mich.

Die Dame im Flur hört die zweite Todesladung, den langen Konvoi des Materials, der Bomben.

– Wo ist es diesmal? fragt die Dame.

– Düsseldorf, sagt das Kind.

– Stimmt, sagt die Dame.

Mit einem Sprung kehrt die Katze auf den

Schreibtisch zurück, immer noch zitternd vor Begehren.

– Laß mich, sagt das Kind.

Es hat seinen Kopf auf den Schreibtisch gelegt, es hat kein Gesicht mehr. Hinten im Flur zählt die Dame die Städte der Pfalz auf und bittet Gott um die Massakrierung des Bösen, die Massakrierung der deutschen Bevölkerung. Sie sagt ein dem Kind unbekanntes Gebet auf. Die Katze versucht mit aller Kraft, unter das Gesicht des Kindes zu kommen, sich zwischen sein Haar und seine Stirn zu drängen. Die dumpfe Stimme unter dem Haar:

– Laß mich, laß mich.

Nein, die Katze will nicht lassen.

Das Kind nimmt die Katze und setzt sie auf den Boden.

Die Katze insistiert nicht mehr. Sie leckt sich zu Füßen des Schreibtischs, dann geht sie hinaus. Sie ist aus dem Zimmer gegangen, sie geht im schwarzen Flur in Richtung der Dame. Das Kind hört das leichte Knacken des Fußbodens unter ihren Pfoten. Es entfernt sich. Das Kind hört alles. Dann ist nichts mehr da außer in der Ferne die Todesmasse, dick und stetig, die sich dem Turm nähert.

– Sind es viele? fragt die Dame am Ende des Flurs.

– Hundert, sagt das Kind.

Da sind sie über dem Wald. Man könnte meinen, sie berühren den Turm. Das Kind macht die Schreibtischlampe aus. Es legt sich hin, den Kopf in den Händen. Es schreit der Dame zu.

– Ich möchte, daß sie herunterfallen.

Die Dame versteht schlecht. Sie sagt, daß jemand geschrien hat und daß sie Angst hat, wer kann das sein mitten in der Nacht? Das Kind schreit:

– Ich möchte sterben.

Es ist ein solches Getöse, der Kopf ist voll davon, die Wände, der Wald, sie atmen nicht, sie machen die Augen zu, sie schweigt, nur das Kind, das schreit, das den Tod anruft. Es weint in seine Hände. Die Flugabwehrkanonen haben wieder begonnen, auf die vollen Bäuche zu schießen. Die Flugzeuge sind langsamer geworden, könnte man glauben. Man könnte glauben, ein Bauch voller Kinder sei geplatzt. Das Kind schreit.

– Mama, schreit das Kind.

Die Dame hat es auch gehört. Sie schreit, sie fragt, was das ist, was ist das? Das Kind sagt, daß der Turm getroffen worden ist und daß sie sterben werden. Und dann lacht es.

Die Dame hat nicht begriffen. Sie fängt wieder an, die Städte des Rheins aufzuzählen und Gott zu bitten, das Böse auszurotten, die Welt. Sie betet nicht mehr, sie sagt Lektionen in deutscher Geographie auf, die sie in der Kindheit gelernt hat. Alles, was sie sagt, wird durchbohrt vom Pfeifen der Flugabwehrgeschosse. Die Lampe ist ausgegangen. Das Kind schweigt. Die Dame ruft es, sie ist im Dunkeln, sie hat Angst. Und dann plötzlich dieses Geräusch, dieses ungeheure Kratzgeräusch des Sturzes, und dann nichts mehr. Das Kind schreit:

– Der Wald.

Der Lärm des Geschwaders nimmt ab, die Geschosse folgen dem Kontingent aus immer größerer Entfernung. Der Krieg entfernt sich. Das Licht kommt nicht wieder. Das abge-

stürzte Flugzeug wird alleingelassen. Das Kind geht ans Fenster und hebt die schwarzen Vorhänge hoch. Unten am Turm ist ein riesiges, einsames Feuer. Das getroffene Flugzeug. Es erhellt den ganzen Wald. Den schwarzen Himmel.

– Komm, heult die Dame.

Das Kind geht.

– Es ist vorbei, sagt die Dame. Bist du da?

Ja. Es sagt, daß der Wald brennt, genau da, unten am Turm. Daß alles ausgestorben ist, abgesehen vom Feuer. Daß morgen die Stelle des Flugzeugs ein schwarzes Loch im Wald sein wird. Es nimmt eine Kerze von der Wand – es sieht im Dunkeln, das Kind – und zündet sie an. Und es singt das jüdische Lied. Es sitzt am Boden zu Füßen der Dame. Und es singt das jüdische Lied, und die Dame beginnt langsam einzuschlafen unter dem Gesang Aurelia Steiners.

– Woher werden sie zurückkommen? fragt die Dame.

– Lüttich, sagt Aurelia.

– Stimmt, stimmt, sagt die Dame.

Aurelia singt weiter das jüdische Lied. Die Dame schläft ein und beginnt zu sprechen.

Wenn ich gewußt hätte, sagt die Dame, na, reden wir nicht mehr davon, zumal ich nichts gegen dieses kleine Mädchen habe ... nichts ... es wäre mir lieber gewesen, Juden würden sich um sie kümmern, und auch jüngere ... aber wie? ... Fort die beiden in der Nacht, ein Zug mit dreizehn Güterwagen, aber wohin? Und wie kann man beweisen, daß sie ihr Kind ist? wie? ... wenn sie wiederkommen, sagen: ja, warum nicht? ... es wächst zu schnell, das kleine Mädchen, man sagt, das ist der Mangel an Nahrung ... sie-

ben Jahre dem kleinen weißen Reckteck im Kleid zufolge . . .

Aurelia hat aufgehört zu singen. Sie hört der Dame zu, die ihre Geschichte beisammenhält. Manchmal bricht sie in Lachen aus, und die Dame wacht auf. Sie fragt, was los ist, wer gesprochen hat und wo sie sind.

– Nimwegen, sagt Aurelia. Sie fliegen vorbei.

Die Dame sagt, daß sie dieses kleine Mädchen liebt, sehr, daß sie nicht weiß warum. Dann schweigt sie. Dann sagt sie wieder, daß sie es liebt und so sehr. Schweigt dann wieder. Da schüttelt Aurelia sie sanft.

– Erzähl, sagt Aurelia – Sie wartet, die Dame schläft, da diktiert ihr Aurelia – »da ist sie hinaufgerannt, trug sie mich?«

– So ist es, sagt die schlafende Dame.

Aurelia wartet. Dann fragt sie: Wer?

– Deine Mutter, sagt die Dame.

– »Nehmen Sie die Kleine, ich habe eine dringende Besorgung zu machen«? sagt Aurelia.

– So ist es, sagt die Dame, »ich habe eine dringende Besorgung zu machen, ich komme in zehn Minuten wieder«.

– »Lärm im Treppenhaus?«

– Ja, sagt die Dame. Die deutsche Polizei.

– Dann nichts mehr? fragt Aurelia.

– Nichts mehr, sagt die Dame.

– Nie, nie?

– Nie.

Aurelia schweigt. Die Dame singt das jüdische Lied, das Aurelia singt. Aurelia legt den Kopf auf den Schoß der Dame. Sie sagt:

– Wo ist die Katze?

Die Dame streichelt das schwarze Haar Aurelias. Dann hält ihre Hand inne. Sie antwortet nicht. Sie fragt ein letztes Mal:

– Na? Wo sind die Leute jetzt?

– Lüttich, sagt Aurelia, sie kommen zurück.

– Na? fragt die Dame, und der, der tot ist?

– Nichts, sagt Aurelia.

Aurelia schließt die Dame in die Arme. Die Dame klagt.

– Gib mir einen Kuß, gib mit einen Kuß, sagt Aurelia.

Die Dame strengt sich an und streichelt Aurelias Haar, dann fehlt ihr die Kraft, der Schlaf ist stärker. In der Stadt immer wieder die Entwarnungssirenen.

– Sag mir ihren Namen, schreit Aurelia.

Steiner, sagt die Dame. Steiner Aurelia. Das schrie die Polizei.

Die Katze. Sie kommt aus einem seitlichen Zimmer. Sie ist noch schläfrig, sie gähnt. Sie sieht Aurelia, sie geht zu ihr, schmiegt sich an sie.

– Sie überfliegen das Meer, sagt Aurelia.

Aurelia fängt an, die Katze zu streicheln, zuerst zerstreut, dann immer fester. Die Katze lauert auf Aurelias Hand und beißt sie, doch ohne wehzutun. Aurelia ruft die Dame.

– Sie hat auch eine Fliege gefressen, schreit Aurelia.

Die Dame schläft. Sie antwortet nicht mehr.

Vor den Fenstern schon der Tag. Er dringt in den Flur des Krieges ein.

Die Katze legt sich auf den Rücken, sie schnurrt vor wahnsinnigem Begehren nach Aurelia. Ihr fahlroter Bauch liegt da wie Löß. Aurelia schmiegt sich an die Katze. Die Katze leckt Aurelias Stirn. Ihr Schnurren erfüllt Aurelias Kopf. Sie ist wie tot, Aurelia, und die

Katze vergnügt sich mit ihr wie einen Augenblick zuvor mit der Fliege, einer der ersten des Sommers.

– Meine Mutter, sagt Aurelia, die hieß Aurelia Steiner.

Aurelia legt ihren Kopf an den Bauch der Katze. Der Bauch ist warm, er enthält das Schnurren der Katze, das größer ist als die Katze, ein entflohener Kontinent.

– Steiner Aurelia, sagt Aurelia. Wie ich.

Immer noch dieses Zimmer, wo ich Ihnen schreibe. Heute war da vor den Scheiben der Wald, und Wind war aufgekommen.

Die Rosen sind verdorrt in jenem anderen Land des Nordens, Rose um Rose, vom Winter dahingerafft.

Ich habe wieder geweint. Manchmal glaube ich, in meiner Hand die Ihre zu sehen, jene, die mich nie berührt hat. Ich sehe sie über meinen Körper gleiten, so frei, so allein, irrsinnig vor Erkenntnis und getrennt von Ihrem Wollen, von Ihnen, von mir. Sie gleitet. Berührt. Und erkennt von mir, auf diese Weise, was ich selbst nicht weiß.

Es ist Nacht. Jetzt sehe ich die geschriebenen Wörter nicht mehr. Ich sehe nichts mehr außer meiner unbeweglichen Hand, die aufgehört hat, Ihnen zu schreiben. Aber der Himmel hinter der Fensterscheibe ist noch blau. Das Blau von Aurelias Augen wäre dunkler gewesen, sehen Sie, vor allem abends, da hätte es seine Farbe verloren, um durchsichtige, grundlose Dunkelheit zu werden.

Ich heiße Aurelia Steiner.

Ich wohne in Paris, wo meine Eltern Lehrer sind.

Ich bin achtzehn Jahre alt.

Ich schreibe.

Bibliothek Suhrkamp

Alphabetisches Verzeichnis